BEI GRIN MACHT SICH IHR
WISSEN BEZAHLT

- Wir veröffentlichen Ihre Hausarbeit,
  Bachelor- und Masterarbeit

- Ihr eigenes eBook und Buch -
  weltweit in allen wichtigen Shops

- Verdienen Sie an jedem Verkauf

Jetzt bei www.GRIN.com hochladen
und kostenlos publizieren

Sandra Malik

Rundfunk - das Neue Medium von 1920

GRIN Verlag

Bibliografische Information der Deutschen Nationalbibliothek:

Die Deutsche Bibliothek verzeichnet diese Publikation in der Deutschen National-
bibliografie; detaillierte bibliografische Daten sind im Internet über http://dnb.d-
nb.de/ abrufbar.

Impressum:

Copyright © 2009 GRIN Verlag GmbH
Druck und Bindung: Books on Demand GmbH, Norderstedt Germany
ISBN: 978-3-656-33970-0

Dieses Buch bei GRIN:

http://www.grin.com/de/e-book/206887/rundfunk-das-neue-medium-von-1920

GRIN - Your knowledge has value

Der GRIN Verlag publiziert seit 1998 wissenschaftliche Arbeiten von Studenten, Hochschullehrern und anderen Akademikern als eBook und gedrucktes Buch. Die Verlagswebsite www.grin.com ist die ideale Plattform zur Veröffentlichung von Hausarbeiten, Abschlussarbeiten, wissenschaftlichen Aufsätzen, Dissertationen und Fachbüchern.

Besuchen Sie uns im Internet:

http://www.grin.com/

http://www.facebook.com/grincom

http://www.twitter.com/grin_com

Rundfunk- das neue Medium

Im Rahmen des Seminars „Die Literatur der 1920er Jahre" wurde unter anderen auch ein Blick auf den Themenkomplex der Medien geworfen. Diesem kann, gerade für dieses wechselhafte Jahrzehnt, besondere Bedeutung zugeordnet werden. Viele Veränderungen und Neuerungen, ob politische, wirtschaftliche oder technische, prägen die Unterhaltungs- Informations- und Werbemittel.

Im Folgenden werde ich kurz anreißen, um welche Medien es sich im Allgemeinen handelt und mich danach auf den Bereich des Radios konzentrieren. Abschließend werde ich kurz auf den im Seminar besprochenen Roman „Berlin Alexanderplatz" von Döblin eingehen und ihn hinsichtlich des Themenkomplexes Medien durchleuchten.

Das aus dem lateinisch stammende Wort `Medium`, welches mit dem Wort `Mitte` übersetzt werden kann, trägt im heutigen Sinne auch die Bedeutung des Übermittlers oder die eines Kommunikationsmittels. Eine eindeutige Definition für den Medienbegriff scheint allerdings auch die Medienwissenschaft nicht parat zu haben. Hartmut Winkler[1] formuliert deswegen fünf Basisdefinitionen, um auch aufzuzeigen, dass der Medienbegriff eine vielfältige innere Spannung in sich birgt. In Bezug auf die *Kommunikation* sind Medien Maschinen zur gesellschaftlichen Vernetzung. Sie unterscheiden sich aber von anderen gesellschaftlichen Mechanismen, wie Warentausch oder Politik durch ihren *symbolischen Charakter*. In Bezug auf die *Technik* sind Medien immer technische Medien. Dies bereitet den Weg, um *Raum und Zeit zu überwinden*, um geografische Distanzen, wie mit der Telekommunikation, zu brechen. Letzten Endes sind *Medien unsichtbar*. Medien verlaufen den Prozess früher oder später als selbstverständlich angenommen zu werden und haben somit die Tendenz, dass ihre Nutzung weitgehend unbewusst vonstattengeht.[2]

Unsichtbar waren die neu aufkommenden Medien in den 20er Jahren des 20. Jahrhunderts bestimmt nicht. Alte Hasen, wie die Zeitung und Zeitschriften, waren bis zum Beginn des 20. Jahrhunderts tragende Medien für Unterhaltung und Information.

---

[1] * 1953 in Marburg; dt. Medienwissenschaftler; seit 1999 Professor für Medientheorie an der Universität Paderborn
[2] Vgl. http://homepages.uni-paderborn.de/winkler/medidef.html (eingesehen am 10.02.10)

Hinzu kommen nun die Branche des Films und die des Rundfunkes. Auf Letzteres möchte ich nun im Folgenden näher eingehen.

- *„Achtung! Hier Sendestelle Berlin Voxhaus, Welle 400. Wir bringen die kurze Mitteilung, daß die Berliner Sendestelle Voxhaus mit dem Unterhaltungsrundfunk beginnt."*[3]

Bevor es zu dieser ersten offiziellen und öffentlichen deutschen Rundfunk-Ansprache kommen konnte, mussten lange politische und technische Entwicklungen und Prozesse in Kauf genommen werden. Ein kurzer Blick in die Vorgeschichte soll aufzeigen, welche technischen Entdeckungen die Voraussetzung für das Entstehen des Rundfunkes geschaffen haben, ohne die es nie zum Beginn des elektronischen Medienzeitalters gekommen wäre.

Zuerst wäre an dieser Stelle Heinrich Hertz und die Entdeckung der elektromagnetischen Wellen 1888 zu nennen, wobei es sich hier eher um das Nachweisen der Existenz dieser Wellen handelt.[4] Neun Jahre später gelang es dem Italiener Guglielmo Marconi, Morsezeichen mithilfe dieser Wellen drahtlos zu übermitteln. Diese Wellen waren nun aber gedämpft und somit für die Übertragung von Sprache und Musik unbrauchbar.

1906 entwickelte Robert von Lieben elektronische Verstärkerröhren, welche das Übertragen von Funken mit ungedämpften Wellen ermöglichten, sodass als offizielles Geburtsdatum des Radios[5] der Weihnachtsabend 1906 in Massachusetts (USA) festgelegt werden kann. In diesen Zeitrahmen fallen auch die ersten Telefonieversuche in Deutschland (1907). Damit waren die Grundlagen für die drahtlose Telefonie geschaffen, allerdings wurde die Entwicklung durch den Ersten Weltkrieg eingeschränkt. Bevor es also zu (privaten) Radiostationen kam, sowohl in den USA als auch in Deutschland, schlug die Funktechnik zunächst eine militärische Karriere ein.[6] In Deutschland wurde bei Kriegsausbruch 1914 in den Bereichen Militärfunk, Weltfunk- und Schiffsfunkverkehr die neue Technik genutzt (vorwiegend die drahtlose Telegrafie). Die Pionierarbeit, die bis dahin geleistet wurde

---

[3] Ansage Alfred Braun am 29. Oktober 1923; 20:00 Uhr

[4] Hier möchte ich erwähnen, dass diverse andere Entdeckungen Basis tragend für die Seine sind.
z. B.: Michael Faraday 1836/37 Entdeckung der elektromagnetischen Induktion (Wechselbeziehung zwischen Elektrizität und Magnetismus; James Clerk Maxwell entwickelte 30 Jahre später die Theorie der Elektromagnetischen Wellen
Um nicht zu weit von Thema abzuschweifen, soll dieses Beispiel exemplarisch wirken.
[5] Gegensatz zum Morsen ist hier die Tatsache, dass die Nachricht unverschlüsselt ist.
[6] Vgl. Sturm, Robert und Jürgen Zirbik. Die Radio-Station. Ein Leitfaden für den privaten Hörfunk. Konstanz 1996; Seite 12- 14

(weltweit) brachte große Opfer, da ständige Neukonstruktionen von Maschinen große Mittel verschlangen. Aber auch dies schreckte nicht ab und viele Rundfunkexperimente wurden auch während des Krieges weiter geführt. In diese Zeit fallen auch die ersten Telefonie-Versuche mit Röhrensendern von Hans Bredow[7], später der Urvater des dt. Rundfunkes genannt und Alexander Meißner. Diese Versuche mit Röhrensendern, Rückkopplung und Hochfrequenzverstärker gelten als bahnbrechende Arbeiten und technische Grundlage für den Rundfunk, so wie wir ihn heute kennen. Durch den vorübergehenden Zusammenbruch des dt. Telegrafen und Fernsprechnetzes nach dem Krieg ergab sich ein steigendes Bedürfnis zur Massenverbreitung von Nachrichten von einer zentralen Stelle aus. 1919 wurde in Deutschland der erste telegrafische Pressefunk eingeführt, welcher 1921 auf Telefonie umgestellt wurde. [8] Zu diesem Zeitpunkt waren zwar wichtige technische Grundlagen geschaffen, aber bis zur oben genannten ersten Sendung vergingen noch einige Jahre in den viel passierte.

Für die Übertragungen auf dem Funkwege wurde immer noch fast ausschließlich Maschinensender[9] benutzt, deren höheren Leistungen im Langwellen Bereich einen Empfang über 1000 km ermöglichten nicht aber über kurze Strecken.

Für die folgenden Versuche gab es zwei Stationen. Zum einen, die für den kommerziellen Nachrichtenverkehr eingerichteten Nauener Sender und zum anderen die Station in Königs Wusterhausen südöstlich von Berlin, die 1919 zusammen mit der Zuständigkeit für das Funkwesen von der Reichspost aufgekauft wurde.

Wie oben schon einmal kenntlich gemacht setzte sich in Deutschland besonders Hans Bredow für das entstehen des Hörfunkes ein. Ihm wird nicht nur die Einführung des Wortes „Rundfunk" zugeschrieben, sondern er sprach schon 1919 vom Rundfunk für alle und veranstaltete unter seiner Leitung einer Reihe von Versuchssendungen von der in Wusterhausen eingerichteten Station. Postmitarbeiter führten die Versuche zur Übertragung von Musik erst über die Langwellen aus. 1920 kam es zu einem ersten Konzert, welches aufgrund der Langwellen unter anderen Moskau und Karlsborg empfingen. Weitere Versuche und Konzertreihen folgten, sodass Mitte Juli 1923 die regelmäßige Reihe der Sonntagskonzerte begann.

„Nur wenige Persönlichkeiten konnten zu dieser Zeit ahnen, wie sich der Rundfunk

---

[7] Hans Bredow (1879- 1959). Bis 1919 Direktor bei Telefunken, danach wechselt er als Abteilungsleiter für das Ressort Funktelefonie zum >Reichspostministerium und wurde dort bald darauf zum Staatssekretär befördert.
[8] Vgl. Breitkopf, Klaus. Rundfunk. Faszination Hörfunk. Heidelberg 2007; Seite 4
[9] Maschinensender sind spezielle Wechselstromgeneratoren mit einer sehr hohen Anzahl schmaler Magnetpole und hoher Drehzahl, auch Hochfrequenzmaschinen genannt

einmal entwickeln würde und welche kulturellen Bedeutungen er bekommen könnte. "[10]

Aber das Interesse wurde immer stärker, auch eben wegen dieser Musiksendungen aus Wusterhausen. Die damals schon gegründeten Funkvereine und Radioklubs befürworteten die Einführung des Rundfunkes. Es kam bald darauf zur Gründung der „Rundfunk-Gesellschaft mbH", an der sich die drei großen Firmen der deutschen Funkindustrie beteiligten. 1922 interessiert sich eine weitere private Gesellschaft an der Verbreitung von Rundfunksendungen, die „Deutsche Stunde" genannt. Nun gehörten die Funkrechte aber der Reichspost und andere Konzepten, sowie das von der Deutschen Stunde wurden abgelehnt. Nach schwierigen Verhandlungen beschloss die Reichspost, die Errichtung und den Betrieb der Sender selbst in die Hand zu nehmen und die Programmgewalt den privaten Gesellschaften zu überlassen. Die Deutsche Stunde war von nun an für die Unterhaltungssendungen zuständig und Nachrichtensendungen wurden vom Inneren nahe stehenden „Drahtlosen Dienst" übernommen[11]/[12]. Als der technische Entwicklungsstand nun endlich so weit ausgereift und Senden auf der Mittelwelle[13] möglich war, wurde auf einer der Pressekonferenzen, die zu meist Hans Bredow in Bezug dessen hielt, die oben zitierte erste Sendung angekündigt. Der Postsender VOX- Haus richtete hierfür im Dachgeschoss das sozusagen erste Radiostudio ein. Von dort aus wurden ab dem 18. Oktober 1923 Sendeversuche gestartet. Interessanterweise wird zu der Zeit, vor jeglicher offiziellen Sendung auch schon über die Rundfunkgebühren diskutiert. Am 24. Oktober gab das Reichspostministerium in seinem Nachrichtenblatt bekannt, dass am 29. Oktober desselben Jahres der Unterhaltungsfunk zunächst in beschränktem Umfang eröffnet wird. [14] So war es wenigen „Bastlerfreunden" (wirkliche Verkaufgeräte gab es ja noch nicht) zu Teil an der zu Anfang zitierten ersten offiziellen Radiosendung teilzunehmen.

Das deutsche Rundfunknetz breitete sich schnell aus, sodass es 1924 schon eine Planungskarte der deutschen Mittelwellensender gab.[15] Bis 1930 entwickelten sich folgende Hauptsender: Berlin, Leipzig, München, Frankfurt/M., Hamburg, Stuttgart, Breslau, Königsberg und Münster.

---

[10] Breitkopf (2007); Seite 7
[11] Diese Einteilung sollte verhindern, dass bei der Programmgewalt und vor Allen bei den Nachrichten Missbrauch zustande kommt.
[12] Vgl. Breitkopf (2007); Seite 8
[13] Der erste Mittelwellensender war auf einer Holztafel montiert und auf keinen Fall technisch ausgereift. Bis dato verliefen die meisten Versuche, auch die in Wusterhausen über Langwellensender.
[14] Vgl. Breitkopf (2007); Seite 13
[15] Diese befindet sich zur Einsicht im Anhang

Diese hatten natürlich Nebensendestellen, die das umliegende Land mit Rundfunk versorgten. Zudem kam die Bildung der regionalen Rundfunkgesellschaften, die angefangen bei der Eröffnung des Rundfunkes mit dem Programm „Radio Stunde Ag" bis hin zu weiteren acht Rundfunkgesellschaften in ganz Deutschland heranwuchsen, alle im Jahre 1924 gegründet.[16] Der Rundfunk erlebte in kürzester Zeit einen Aufschwung. Viele anderen Medien profitierten ebenfalls davon. So mussten zum Beispiel zur Ankündigung von Sendungen und Programminhalten „Flyer" gedruckt werden. Den wirtschaftlichen und kulturellen Höhepunkt erlebte das Radio in den 1950er Jahren. Das Medium Radio ist nun Primärmedium. Denn auch literarisch bietet das Radio einiges an. Es ist die Rede von der Blütezeit der Hörspiele. Insgesamt bietet das Radioprogramm eine Masse an, bei dem für jeden Hörer etwas dabei ist.[17] Das Radio ist in seiner Entwicklungszeit also von einer Rarität zum Massenmedium herangewachsen.

Um nun den Kontext zum Seminar aufzuholen, werde ich mich im Folgenden mit Döblin und seinem Roman „Berlin-Alexanderplatz" beschäftigen.

Der im Herbst 1929 erschienene Roman, der die Geschichte von Franz Biberkopf erzählt, wurde schnell zum Welterfolg. Der Roman, bestehend aus einem Prolog und neun Büchern, immer beginnend mit einer moralisierenden Zusammenfassung der Handlung, er erzählt mit expressiver Sprachgestaltung und neuartigen Erzähltechniken, wie Bewusstseinseinstrom, erlebte Rede, Zeitungsdeutsch oder innerer Monolog, von dem Großstadtleben in den 1920er Jahren. Diese Schilderungen des Großstadtlebens können zunächst einmal mit dem Seminar in Bezug gebracht werden. Durch mehrere Themenkomplexe wurden die Aspekte zusammengefasst, die zu dem Großstadtleben in den 1920er Jahren gehörten (so auch der oben explizit beschriebene Themenkomplex der Medien). Diese wurden aber nun nicht direkt auf Berlin bezogen, sondern es wurde versucht zu zeigen, wie es im Allgemeinen sich mit dieser Zeit verhielt und dieses wurde in Vergleich zu Braunschweig und Berlin betrachtet. Im Folgenden möchte ich versuchen die Ergebnisse von dem Bereich der Medien zu skizzieren und mit dem Roman in Verbindung bringen.

Wie oben schon mal erwähnt waren es vor allen Dingen die Medienbereiche Rundfunk und Film, die diese Zeit prägten. Weltweit kam es zu neuen technologischen Entwicklungen, die auch der wirtschaftlichen Lage zugutekamen. Film und Rundfunk war in Braunschweig im Gegensatz zu Berlin recht wenig vertreten. Dies mag daran gelegen haben, dass Braunschweig in der genannten Zeit eben noch keine Großstadtmetropole wie Berlin war. Erst

---

[16] Grafik hierzu befindet sich ebenfalls im Anhang
[17] Vgl. Sturm/Zirbick (1996); Seite 17

Mitte der 1930er Jahre begannen Filmverleiher und Kinos auch in Braunschweig Fuß zu fassen. In Berlin hingegen gab es 1929 schon 363 Kinos und 80 Filmgesellschaften, die in diesem genannten Jahr 173 Filme produzierten. Berlin war somit Zentrum der deutschen Filmwirtschaft.[18] Es liegt nahe das Alfred Döblin in dieser Zeit beginnt „Multimedial" zu arbeiten. Allerdings ist er einer der ersten Autoren, der es verstand die Neuen Medien der Zeit zu nutzen. In dem 1930 entstandenen Hörspiel zu seinem Roman erkennt man die Faszination des Autors für das Medium Radio. Im September 1930 sendete die Berliner Funkstunde „Berlin Alexanderplatz" als Hörspiel.[19]

Auch in dem Bereich des Filmes integriert Döblin sein Werk. Nach vielen Überlegungen und verworfenen Manuskripten gestaltet Döblin letzten Endes selbst ein außergewöhnliches Drehbuch zu seinem Roman, welches nicht den gängigen Schemata entspricht. Die Dialogszenen sind präzise ausformuliert und die Handlungen nur kurz skizziert. Die kurzen Dreharbeiten finden im Mai und im Juni 1931 statt.

Die Premiere des Filmes findet am 8. Oktober im Capitol am Zoo desselben Jahres statt und wird von der Presse als gescheitert angesehen, aber nur, weil sie die Unmöglichkeit der Adaption der außerordentlichen Vorlage sehen.

In der Geschichte des Franz Biberkopfes spielen Medien der neuen Zeit keine tragende Bedeutung, zum schnelllebigen Großstadtleben zu der Zeit wird aber umso stärker Bezug genommen. Gesellschaftskritisch zeigt der Roman die Facetten von Berlin in den 1920er Jahren auf.

„Alfred Döblin hat in seinem Roman, nach dem der Allianz-Film gemacht ist, die Schlünde und Abgründe von Berlin aufgerissen- und zwar dort, wo es am abgründigsten ist, wo Himmel und Hölle der Großstadt sich ineinander verschlingen. Und er hat zugleich ein menschliches Schicksal aufgerissen, in dem Dasein und Wesen einer Zeit und einer besonderen Welt verpuppt ist. Aus ungezählten hastigen Atemzügen, Atemstößen einer Menschenschicht entsteht der Hauch und sogar die Atmosphäre einer Stadt. Sie ist in Döblins Dichtwerk ohne Rest enthalten."[20]

---

[18] Vgl. Duden. Abiturwissen Geschichte. Berlin/Mannheim 2004. Seite 363
[19] Erarbeitet von Döblin, Max Bing und Hugo Döblin
[20] Hermann Sinsheimer, Berliner Tageblatt, 11.10.1931

Egal ob im Roman, in der Verfilmung oder auch im Hörspiel, die Geschichte von Franz Biberkopf, der versuchen wollte den rechten Weg einzuschlagen, den er über tragische Umwege am Ende zu erreichen scheint, lässt die Strukturen der Gesellschaft und der Wirtschaft dieser Zeit aufs kleinste Detail wieder aufleben. Gerade die mediale Vielfalt lässt einen so detailreichen Einblick in die Welt von Franz Biberkopf zu. Obwohl der Roman das Ende vorwegnimmt, ist man bis zum Ende gefesselt. Die neuartigen Stilistiken, die Döblin verwendet und seine eigene Faszination zu den Neuen Medien der Zeit lassen den Leser aber auch Zuschauer empathisch der Figur des Biberkopfes gegenüber werden. Der Facettenreichtum lässt einen schwindelig, fast sogar ohnmächtig werden, eben genau so wie es dem Franz Biberkopf, gespielt von Heinrich George, geht, wenn er sagt: „Ick find mir nicht mehr zurechte".

Literatur und Quellenverzeichnis

Breitkopf, Klaus (Hrsg.) Rundfunk. Faszination Hörfunk. Heidelberg 2007

Riedel, Heide. 60 Jahre Radio. Von der Rarität zum Massenmedium. Berlin 1983

Sturm, Robert und Jürgen **Zirbik**. Die Radio-Station. Ein Leitfaden für den privaten Hörfunk. Konstanz 1996

Internetrecherche :

http://wortschatz.uni-leipzig.de/cgi-bin/wort_www.exe?site=1&Wort=Medium
http://homepages.uni-paderborn.de/winkler/medidef.html
http://www.cinegraph.de/filmtext/filmtext3.html

Anhang

Das Netz der Hauptsender

Hauptsender	Inbetriebnahme
Berlin	29.10.1923
Leipzig	01.03.1924
München	30.03.1924
Frankfurt/ M.	30.03.1924
Hamburg	02.05.1924
Stuttgart	10.05.1924
Breslau	26.05.1924
Königsberg	14.06.1924
Münster	10.10.1924

Viele Nebensender:
16.12. 1924 Hannover
(Hamburg)

Quelle: BREITKOPF (2007)
Seite 18

Sendegesellschaft (Sitz/OPD-Bezirke)	Gründung/ Sendebeginn
Radio-Stunde/Funk-Stunde AG (Berlin / Berlin, Potsdam, 1/2 Stettin, 1/2 Schwerin, 1/2 Frankfurt/O., 1/2 Magdeburg)	10. 12. 1923/ 29. 10. 1923

Mitteldeutsche Rundfunk AG (MIRAG) (Leipzig / Leipzig, Dresden, Chemnitz, Erfurt, Halle, 1/2 Magdeburg, **1/3 Braunschweig)**	22. 1. 1924/ 2. 3. 1924
Deutsche Stunde in Bayern GmbH (München / München, Landshut, Augsburg, Regensburg, Nürnberg, Würzburg)	18. 9. 1922/ 30. 3. 1924
Südwestdeutscher Rundfunkdienst AG (SWR) (Frankfurt / Frankfurt/M., Darmstadt, Trier, Koblenz, 1/2 Köln, 1/2 Karlsruhe, 1/2 Speyer, 2/3 Kassel, 1/3 Dortmund)	7. 12. 1923/ 1. 4. 1924
Nordische Rundfunk AG (NORAG) (Hamburg / Hamburg, Bremen, Hannover, Kiel, 1/2 Schwerin, **1/3 Braunschweig)**	16. 1. 1924/ 2. 5. 1924
Süddeutsche Rundfunk AG (SÜRAG) (Stuttgart / Stuttgart, Konstanz, 1/2 Speyer, 1/2 Karlsruhe)	3. 3. 1924/ 11. 5. 1924
Schlesische Funkstunde AG (Breslau / Breslau, Liegnitz, Oppeln)	4. 4. 1924/ 26. 5. 1924
Ostmarken-Rundfunk AG (ORAG) (Königsberg / Königsberg, Gumbinnen, Köslin, 1/2 Frankfurt/O., 1/2 Stettin)	2. 1. 1924/ 14. 6. 1924
Westdeutsche Funkstunde AG (WEFAG) (Münster / Münster, Oldenburg, Minden, Düsseldorf, 1/2 Köln, 2/3 Dortmund, 1/3 Kassel, **1/3 Braunschweig)**	15. 9. 1924/ 10. 10. 1924